달을 먹은 고양이가 담을 넘은 고양이에게

〈시천지〉 동인 시집 —그 아홉 번째 여정

〈시천지〉 동인 시집

—그 아홉 번째 여정

달을 먹은 고양이가 담을 넘은 고양이에게

시인동네

■ 서문

시여! 시인이여!
더 높이 더 멀리 날아서 시의 천지를 우주에 드리워라!

무릇 '동인'이란 '뜻을 같이하는 사람'이자 '딴 사람이 아닌 바로 그 사람'을 일컫는다. 또 하늘을 나타내는 건괘(乾卦)와 불을 나타내는 이괘(離卦)가 위아래로 이어진 천화동인(天火同人)괘처럼 하늘이 불과 함께함을 상징하는 64괘 중 13번째 괘이다. 이처럼 동인은 관심이 있는 분야에 '뜻을 같이하는 사람'이자 어떠한 결사체에 필요한 '딴 사람이 아닌 바로 그 사람'이다. 〈시천지〉 동인도 이러한 사람들이다.

〈시천지〉 동인은 "시의 천지와 시의 지천을 만들자"는 뜻을 함께 해온 시인 결사체이다. 1994년에 '하늘과 땅이 어우러진 시', '좋은 시가 천지인 세상'을 모색하면서 서울의 문화거리인 대학로에서 결성하였다. '시의 천지화', '좋은 시의 지천화'를 꿈꾸며 우리는 1995년 『상처의 곳간: 천지 안에서의 건강을 꿈꾸며』라는 첫 동인지를 펴냈다. 문학의 공정한 교류와 유통에 뜻을 같이한 동인들은 이후 여덟 권의 동인지를 펴냈다. 이들이 바로 2022년에 『달을 먹은 고양이가 담을 넘은 고양이에게』라는 아홉 번째 동인지를 펴내는 '그 사람들'이다. 제1집 간행 당시에는 8명의 동인이었지만 지금은 11명의 동인이 참여하고 있다.

제8집의 해설에서 우대식 시인이 '멀고 먼 서정의 끄트머리'라고 제목을 붙인 것처럼 제9집에서도 서정의 실타래는 이어지고 있다. 여기에는 이나명 시인의 「한없는 자리」 외 9편, 박수빈 시인의 「그 회의록」 외 9편, 진영대 시인의 「썰물」 외 9편, 서주석 시인의 「심우꽃」 외 9편, 윤정구 시인의 「한 뼘」 외 9편, 최영규 시인의 「설산 아래에 서서」 외 9편, 오석륜 시인의 「강의실에 흐르는 강」 외 9편, 한이나 시인의 「파릉의 취모검」 외 9편, 고영섭 시인의 「마음을 사는 일」 외 9편을 모아 90편을 담았다. 김성오, 김영교 동인은 부득이 함께하지 못했다. 이번 수록작들 대부분은 갓 길어 올린 '날것의 작품' 또는 여러 문학지에 실린 작품들이다. 그렇다 하더라도 〈시천지〉 동인의 아홉 번째 여정이라는 흐름에는 모두 닿아 있다. 사반세기를 넘어 30년을 향해 가는 동안 동인들은 서로의 들숨과 날숨을 들을 수 있는 귀 명창들이 되어 있기 때문이다.

이번 동인지는 〈시천지〉 동인의 시적 완성도를 극대화시키고 있다. 이들의 관록과 저력이 보여주는 것처럼 동인들의 숙성된 작품들은 상승의 관계를 열어가고 있다. 시인들이 꿈꾸는 세계는 향상(向上)의 세계로 이어지고 작품들이 도약하는 방향도 상향(上向)의 세계를 향하고 있다. 시여! 훨훨 날아라! 시인이여! 더 높이 더 멀리 날아서 더 크게 펼쳐라! 그리하여 시의 천지를 우주에 드리워라!

2022년 3월 9일

고영섭

■ 차례

진영대

서주석

윤정구

최영규

오석륜

한이나

고영섭

이나명

1994년 《현대시학》 등단. 시집 『금빛 새벽』 『중심이 푸르다』 『그 나무는 새들을 품고 있다』 『왜가리는 왜 몸이 가벼운가』 『조그만 호두나무 상자』가 있음. 1995년 대산창작기금 수혜, 2007년 〈한국시문학상〉 수상.
E-mail: namyung45@hanmail.net

한없는 자리 외 9편

새 꽃망울이 올라온다

그 옆에서 시든 꽃 한 송이가 바닥으로 툭 떨어져 내린다

잘 봐라 아가야

새 꽃망울이 첫 눈을 뜨고 분홍빛 세상을 내다본다

잘 봐야 해 아가야

사라지는 모습이 얼마나 깔끔한지
새 꽃망울을 위해서 비켜준 자리가 얼마나 넓고 환한지

그 자리야 아가야
네가 왔고 또 네가 가는 자리
한없는 자리

바로 네 자리야

왜가리는 왜 몸이 가벼운가

왜가리가 물속에 두 다리를 담그고 멍청히 서 있다
냇물이 두 다리를 뎅강 베어가는 줄도 모르고

왜가리가 빤히 두 눈을 물속에 꽂는다
냇물이 두 눈알을 몽창 빼가는 줄도 모르고

왜가리가 침빙 냇물 속에 긴 부리를 박는다
냇물이 제 부리를 썩둑 베어가는 줄도 모르고

두 다리가 잘리고 두 눈알이 빠지고 긴 부리가 잘린
왜가리가 퍼드득 날갯짓을 하며
하늘 높이 떠오른다

아주 가볍게 떠올라 하늘 깊이
온몸을 던져 넣는다
냇물도 하늘로 퍼드득 솟구치다
다시 흘러간다

늙은 매미

양 날개는 양 옆구리에 엉성히 붙이고
앞의 네 발은 허공에 띄운 채
두 뒷발로만 겨우 문턱을 붙잡고 있는
세상에서 떨어져 내리기 직전의 너를 본다

우매한 내가 어찌해 보고자 유리창을 탕탕 두드리며
너를 깨우려 한다

네 앞발들이 조금 움직여 허공을 잠시 바득바득 긁는다
(무슨 말을 하고 있는 걸까)

허공은 아무 소리도 들려주지 않는다

유리창 밖의 세계와 유리창 안의 세계가
눈이 딱 맞아떨어진 이 시간에
죽음은 아주 가까이서 잠깐 숨을 죽이고
나를 들여다보고는 휙 사라졌다

아무 자취도 없는 내 안의 허공중에서
누군가의 발가락질이 가물가물 느껴진다

응답

하느님 하느님하고 간절히 불렀다지요
하느님 하느님 대답 좀 해 주세요
몇 날 몇 밤 간절히 간절히 두 손 모으고
두 귀를 모으니 마침내 어떤 소리가 들렸다지요

「네 안에 나 있다」

하느님 하느님 내 안에 계시는 하느님
안 보이잖아요
거기 계시지만 말고 나와 보세요
얼굴을 보고 싶어요
손도 잡아보고 싶어요
간절히 간절히 두 손 모으고 두 귀를 모으니 다시
대답하셨다지요

「나는 너다」

뭐라구요 당신이 나라구요 아이구 하느님

말도 마세요
당신이 나라니요

「그래 네가 나다 그러니 나를 보려면
너 자신을 잘 들여다보아라」

「거기 사랑이 있느냐」

경계를 지우다

아파트 출입문을 열자 문 앞에 새가 한 마리 떨어져 있다
어쩌다가……
조심스레 손으로 집어 드니 머리를 툭 떨군다
아직 몸에 온기가 남아 있다
아 방금 숨이 멎었나 보다
안과 밖의 경계가 보이지 않는 출입문 유리에 머리가 심하게 부딪쳤나? 보다
벌써 새의 영혼이 어디론가 날아갔는지 두 눈이 꼭 닫혀 있다
이제 안과 밖이 필요 없어졌나 보다
저 날렵한 몸과 깃털들을 벗어버린 새는 어떤 모습일까
저 허공중 어디서 나를 내려다보고 있을까
보이지 않는다고 없는 건 아니라고 누군가 말했다
보이지 않는 새 한 마리 내 안으로 날아 들어온 날 아침
새가 버린 새의 뻣뻣해진 몸을 나무 밑에 묻어준다
토닥토닥 흙을 덮어준다
새와 나의 경계가 없어졌다

나를 실감하다

비둘기들이 꽃 사과나무에 매달려 주렁주렁 열린 빨간 열매들을 따 먹고 있다 양 손바닥으로 간신히 움켜잡을 만한 덩치의 저 비둘기들, 그렇지 않아도 휘어져 부러질 듯한 꽃 사과나무 굵지도 않은 이 가지 저 가지에 저도 마치 커다란 열매인 양 염치없이 매달려 빨갛게 여문 함박꽃 봉오리만 한 열매를 부리로 물고 비틀어 한 알씩 따 먹는 모습 바라보고 있자니 나도 모르게 숨이 꼴깍 넘어간다 오늘 하루 저 꽃 사과나무가 치러내는 생의 무게를 나는 가늠하기 힘들다 다만 꽃 사과 알들 한 알 한 알 줄어드는 마음의 무게를 조금쯤 실감할 뿐 저 꽃 사과 알들 미련 없이 다 주고 나면 저 버거운 시간의 덩치들 다 떠날 것이고 마침내 빈 가지들 넌 출 넌 출 흔들고 있는 꽃 사과나무의 가벼워진 모습을 다시 실감할 뿐 꽃 사과나무를 보며 모처럼 나도 나를 실감해 보는 저녁이다

조그만 호두나무 상자

그날 고양이가 조그만 호두나무 상자 속으로 숨어들어 갔어요. 올해로 열여덟 살이었는데요. 한 며칠 허공을 딛는 듯 휘청휘청하더니 밥 대신 물만 조금조금 먹더니 몸을 아주 갑삭하게 만들더니 어둠 속에서 눈만 훤히 뜨고 나를 향해 무어라 무어라 마른 입술을 달싹였는데요. 나는 알아듣지 못하고 그만 잠이 들고 말았어요. 다음날 새벽이 되어서야 보았지요. 애들이 죽으면 무지개다리를 건너간다지요. 그날 내 눈에는 보이지 않는 무지개다리가 어딘가 떠 있었나 봐요. 그렇게 가벼워졌으니 새처럼 훌쩍 날아올랐겠지요. 그리고 벌써 넉 달이 지나갔네요. 앞으로도 넉 달이 지나가고 또 넉 달이 지나가고 또 넉 달이 지나가겠지요. 무지개다리 아래로 위로 여전히 시간은 흐물흐물 흘러가겠지요. 꼭꼭 숨어서 숨소리도 안 들리는 고양이는 저 있는 곳으로 제가 좋아하는 햇볕은 잘 불러들이고 있는지, 그곳으로도 제가 다닐 만한 길을 만들어놓고 겁도 없이 혼자 잘 돌아다니고 있는지, 나는 다만 이곳에서 아무리 불러도 대답 없는 저쪽 세상에 귀를 기울이다가 어쩔 수 없이 고양이와의 모든 기억을 곱게 빻아 담은 조그만 호두나무 상자를 안방에 있는 유리책장 안에 책들과 나란히

넣어두었어요. 나는 또 가끔씩 그 기억들을 꺼내 들고 고양이 이마를 부비듯 내 뺨에 가만히 부벼 보겠지요. 그렇게 시간을 흘려보내다 보면 결국, 그러니까 바로 내가 그 조그만 호두나무 상자라는 걸 깨닫게 되겠지요. 날이 갈수록 반질반질 닳아서 마침내 흔적 없어질 기억 상자라는 걸.

참새들

칸나 샐비어 봉선화 소소히 피어 있는 잡풀더미 속에서
무언가에 놀란 듯 일제히 날아오르는 참새들
상가 주차장 표지판 위에 조르르 올라앉는다
늦더위가 아스팔트길 위에 쩍쩍 눌어붙은 오후 세 시
그네들 입 부리가 하아 하아 벌어져 있다
아무도 짹 소리 한번 지르지 못한다 숨 막혀!
숨 몰아쉬고 있는 저 입 부리들 속, 목구멍은 가늘게 열려
힘겹게 들락날락하는 숨결이 보이는 듯하다
이제 막 돋은 새순 같은 짧은 혀도 보인다
어쩔 수 없이 열려진 생의 한때
그 고통스런 한 순간이 파란 잎을 피운다
통점 같은 까만 눈이 내 눈에 와 부딪쳤는지
고개를 외로 꼬고 날개를 늘어뜨린다
날개 자락에 팔락팔락 날아와 불붙는 햇살들
이렇게 한 생이 홀랑 타버릴 듯하다
보도블록에 쩍 달라붙은 내 두 발이 오래 서서 견딘다
생은 정말 너무 짧은 듯도 하고 또 너무 긴 듯도 하다
그 어느 날 내 기억 속의 녹음 우거진 숲이

저 가엾은 참새들을 모두 불러들일 것이다
그렇게 나는 발을 뗀다 세상 찐득한 길바닥
오가는 차들 뜸할 때 차도 위를 무단 횡단하는 행인들 틈에
어느덧 내가 끼어 있다

저녁을 위하여

두부 목판을 덮은 흰 보자기를 열면
더운 욕탕에서 방금 나온 알몸처럼 뭉글뭉글
더운 김을 피워 올리는 두부
저녁 한나절 부드럽고 연해진 한때의 마음으로
두부를 산다
손바닥에 들어 올리면 뜨겁게 안기는 두부
식기 전에 뭉텅 두부를 씹어보며
지난 불운들 꼭꼭 씹어 삼키며

외출에서 집에 돌아와 현관문을 닫으면
철컥 잠기는 자물쇠 소리
내가 내 안에 철컥 갇힌다
손 안에 부드럽게 잡혔다 부서지는 어둠들
두부같이 말랑말랑하고 따뜻한 어둠들
잠시 서서 지켜보노라면
서서히 어둠들 제 속을 비춰낸다
빛들이 갈피갈피에 박혀 있다
나는 그 빛을 따라간다

나를 끌고 와 이 세상에다 떨어뜨린 탯줄처럼
이제 또다시 저 세상으로 나를 끌고 갈 탯줄
희미한 빛으로 감겨 있는 질긴 띠, 저 문구멍

눈 깜짝할 새에 해가 서쪽으로 기울었다
고춧가루 조금씩 풀어 찌개 국물을 만들며
두부를 썰어 넣으며
매운 국물 한 숟가락 떠서 밑간을 본다
너무 싱겁지 않게 너무 짜지 않게 지금 끓고 있는
내 시간들
이미 해를 삼킨 노을빛이 바글바글 끓고 있는 찌개
빛깔이다

하산

양말을 벗고 계곡물에 두 발을 담갔다
금세 두 발목에 서늘한 물금이 그어진다
발가락들이 흰 자갈돌이 되어 물속으로 데굴데굴 굴러간다
발등을 씻던 손가락들도 손가락만 한 물고기가 되어 찰방
찰방 물속에
숨어든다
물속을 들여다보는 내 두 눈도 희고 맑은 물방울이 되어 말
똥말똥
흘러간다
전신에 물소리 소리 차오른다
어디에서 흘러온 내가 또 어딘가로 흘러 흘러간다

박수빈

광주광역시 출생. 2004년 시집 『달콤한 독』으로 작품 활동 시작. 《열린시학》 평론 등단. 시집 『청동울음』 『비록 구름의 시간』, 평론집 『스프링 시학』 『다양성의 시』, 연구서 『반복과 변주의 시세계』가 있음. 현재 상명대 강사.
E-mail: wing289@hanmail.net

그 회의록 외 9편

흑장미의 마스카라가 깜박여요
움찔거리는 *포스트잇*
끼리끼리 *코끼리* 헌 옷에 몸을 끼워 맞춰요
*박쥐*는 네가 *휘발유* 맞지?
*꽹과리*의 목청에
*조련사*는 지퍼를 목까지 채우고
*실뱀*이 똬리를 틀어요
자린고비 오래 고인 물

*측천무후*의 목소리에
주변은 송곳처럼 고드름이 자라요
얼음의자 얼음잔 얼음종이 얼음휴지통
볼멘소리 서걱이며
받아쓰는 세상은 얼음새 얼음숲

감정들이 얼룩지고 구름을 덮어쓰고 있어요
얼음, 곰을 뒤집어 문이 되는 날 언제일까요

스프링

예전 봄이 아니야 마스크에 진눈깨비 진다
진눈깨비가 다가 아니야
그러니 생일이 된다
네가 새 애인 데리고 내 생일날 간 데 다시 간다
좋은 추억만 간직해
그러니 새가 된다
심장의 온기를 전하던 새가 날자 나무가 달리고 싶다
그러니 버스에서 졸던 얼굴이 내리고
덜커덩 소리 나는 가방이 종점을 향하고
종점 도착할 때까지는 종점이 아니야
그러니 말이 막걸리가 되는지
이런지 저런지 박쥐가 된다
박쥐가 다가 아니야
그러니 움이 트고
움과 몸은 도마뱀처럼 꼬리들이 아니야 아니야

원고지

벼랑 같은 아파트들

언제부터 이 칸을 위해 역병처럼 사는지
마스크를 쓰고 마신 숨을 다시 뱉는다
밤이 되면 불 꺼진 ㅁ에 눕는 생은 행간 밖

무릎을 꿇다가도 낙타처럼 일어서고 싶은데
태양 아래 끓어오르던 그 길은 어디로 가고
삭제된 ㅁ들로 채워지는 공백

포클레인 자국이 길을 만들면서부터
파헤친 흙만큼 산이 생기고
나의 쓸모는 모래가 바퀴에 들러붙는 듯했다

누군가 타워크레인을 옮겨놓자
레미콘이 합세하기 시작했다
시멘트 채운 몸에 눈물을 버무리며
바람의 설법에 귀를 기울이며

거대한 공사판의 나는 먼지로 사라지고, 살아지고

들꽃 요양원

전염된다네. 당신이 좋아하는 초코케이크 딸기우유 박하사탕 사왔는데, 그냥 현관에 두라네. 이름을 적고 물러서니 직원이 소독약 뿌리네. 얼마 후 화면이 뜨네. 촛불 밝히고 박수하고 싶은데, 당신은 아기처럼 주무시네. 직원이 깨우며 화면을 가리키네. 누가 잠결을 빗질하나, 성성한 머리칼 속에 순두부가 되어버린 기억, 간수액에 물컹한 당신의 뇌, 나는 손을 흔드네. 잘 있어요? 안개가 흐르네. 당신은 베개 보풀을 만지더니 창밖을 보네. 춧농이 녹아 흐르고 쇠별꽃과 구절초들이 고개를 떨구네. 모데미풀들이 냄새를 풍기네. 그림자가 내 뒤꿈치에 뿌리를 내리네. 이제는 서로 바깥에서 건드리면 부러질 꽃대들이 닮아가네.

쌀이 물 먹는 소리

아이들 발에는 바퀴가 달렸나 봐요 씽씽 가요 핸드폰을 목에 건 아이도 있고 모래바람 부는 초원인 듯 게르 주변 맴돌 듯 문방구방구 편의점, 숙제와 준비물은 어떤지 신발주머니를 바람개비처럼 돌리는 아이도 있어요 가방은 으쓱해요 매일 업어주잖아요 제 몸보다 가방이 무거운 아이, 혼자 걷는 옆에 살랑이는 꼬리가 따라와요, 훠이 강아지를 돌려보내는 마음, 바람은 쿨럭이고 낙과 향기 날리고 돌멩이처럼 툭툭 차요 아이의 고개에는 왼편 오른편이 따로 없어요

종소리에 우다다다 말발굽 소리
아이들이 발로 피워낸 복도 바닥은 거울

창문을 닦아도 구름은 구름이라서 뭉글거리죠 걱정해서 걱정이 사라지면 쌀뜨물이 가라앉지 않겠죠 수저통에 비치는 아침 햇살 같은 여기 좀 봐요

스마트 팜

미혼모가 미혼모를 낳는다

이 아버지와 그 아버지 상관없이 어머니는 몇 룩스인가, 센서 아래 푸른 잎 형제가 사촌을 고집하면 키가 작아진다

컨베이어 벨트가 기지개를 켠다 족보 따지지 않고 효율들이 감정 없이 자란다

구역 따라 벌레 없이 오토 오토 토마토를 공급한다 붉은 눈물 방울방울 툭, 상추의 푸른 겹치마가 훌렁, 머리카락에 새치가 돋을까, 모자를 벗기면 청정이라는 루꼴라

내일은 커튼을 희망 삼는다

인공지능 물뿌리개가 얼굴을 휘젓자 손톱 없이 뿔 없이 허공을 젓는다 혀들이 기어 나오고 있다

플라스틱 섬

나는 죽지 않아요 쓰임이 다한 뒤에도 발길에 차이는 나의 특기, 해가 갈수록 해가 열병을 앓아도 당신들은 모르쇠, 탄소 발자국이 점령군 같아도 당신들은 세제를 나는 거품을, 당신들은 폐수를 나는 거품을, 지구는 둥글어서 태평양 한가운데 거대하게 만나요 고래의 배 안에 내가 들어 있어요 기름낀 해초에 기대어 이글거리는 유황빛 눈알을 깜박이는 저 새의 이름을 나는 몰라요 습관처럼 뒹구는 악취가 번져요 감전된 듯 빨려 들어가요 여기는 버려진 자궁인가요 인큐베이터인가요

숨

내가 죽은 후에도 빙하가 울고 있다 해가 갈수록 해는 화가 나는 것이다 갑자기 우박이 퍼붓기도 한다 농작물들이 쓰러진다 지나던 까마귀가 비닐봉지를 찢으며 까악, 그 곁의 젖소는 산산이 먹거리가 되고 사람들은 스스로 구하지 못해 세상은 어둠의 자궁, 밤이 선생이기를, 생선 냄새가 코를 찌른다 방어의 터진 창자, 기름이 떠다니고 스티로폼도 토해놓았다 동물 식물 바다 육지 거대한 그물에 연결되어 있다 어디로 가나 신발은 등불을 찾는 배, 얼룩진 뱀 무늬 떠돌다가 태평양에서 송두리째 만날까 달빛이 잠 깨어 나뭇가지에 앉아 있다

블랙 미러

모니터에 검은 심연이 출렁인다
비디오를 켜달라고 말해도
202111467로 보이는 너의 얼굴

서로 다른 허공을 더듬다가
숨바꼭질하면서 옷장에 웅크린 기억이 살아난다
어둠과 한 몸이 된 나프탈렌 냄새도 살아난다
너도 경계의 모서리를 붙잡고 있을까

창 너머 넝쿨장미가 비에 젖고 있다
이 향기를 어떻게 전할까
나비를 그려 넣으면 너도 느낄까

내 말을 꿀꺽 삼키는 모니터
고요의 안쪽은 입이 커서 젖어 드는 화상수업이여

어금니를 깨물자 퍼지는 냄새

검은 사람들이 내려온다

11월처럼 내려온다 10월이거나 1월이어도 상관없다 1110011101 고드름이 뚝, 뚝 이진법이 자란다 디지털에도 감정이 있을까 Ctrl+C에 Ctrl+V 하며 내려온다 수많은 내가 내려온다 분신들이 넘치는 세상에 진짜 나는 어디에 있나 가난한 마음에 따듯한 눈빛 나누거나 심장 데울 수 없이 똑같은 키에 한 방향으로 복제될 뿐 가방은 돌덩이 같고 우산은 막대기 같고 모자는 봉분처럼 허공에서 폭탄이 투하되듯이 어제가 추락하고 있다 내일이 추락하고 있다 내용물이 빠져나간 포장지, 원본이 보고 싶어 손톱을 긁는다 덧그려진 고양이가 드러난다 달을 먹은 고양이, 담을 넘는 고양이가 드러난다

진영대

충남 연기(현 세종시) 출생. 1997년 《실천문학》 등단. 시집 『술병처럼 서 있다』 『길고양이도 집이 있다』 등이 있음.

E-mail: jinyd9027@hanmail.net

썰물 외 9편

물 나가면
제 몸뚱어리 숨기느라
분주한 게들.

뻘밭에 빠진 발목
제 힘으로는 빼낼 수 없어
발자국을 집까지 끌고 왔다.

방 안까지
발자국을 들일 수는 없는 일.
몸은 숨겨야겠기에
집게발 하나 문 앞에 끊어놓고
문 닫고 들어앉았다.

신발 한 짝
물 나갈 때, 둥둥 떠갔다.

놓지 마

벼랑에 매달린 단풍나무
바위틈에다 뿌리를 꼭꼭 들이밀고
꼭 잡어, 놓지 마!
나뭇가지 하나 길게 뻗어
무엇인가를 향해 안간힘 쓴다.

두레박 우물에 거꾸로 처박힌
아홉 살,

놓지 마, 놓지 마!
물속에 빠진 고무신
발돋움하면 닿을 것 같았다.

줄

종일 지붕을 올려다보고 있다.
처마 끝 쇠줄에 매단 물고기,
풍경 속 그 줄을 좀 끊어달라고
바람만 불어도 컹컹 짖는다.
똥을 누면서도 그새
쇠줄을 끊고 도망갈까 봐
힘 한번 맘껏 주지 못한다.
저를 좀 놓아달라고
쇠종을 두드리는 물고기.
언제 도망갈지 몰라, 마당개
종일 지붕을 올려다본다.
밑에 붙어 있던 똥덩어리
땡감 하나 툭, 떨어질 때
그 힘으로 떨어진다.

물고기를 향해 뛰어오를 때
제 목줄에 조여
짖어봐야 아무도 듣지 못한다.

금가락지

살아 소원이었던 이사를
죽어서 하신 어머니.
봉분을 열어보니, 녹슨
금가락지 하나 쏙 빼놓고
보이지 않았다. 푸른 녹을
면장갑으로 쓱쓱 닦아내었다.
이제 다 됐다, 손을 툭툭 털면서
가지고 갈 게 더 없나?
무덤 속을 자꾸 둘러보았다.

복장(腹藏)

대추나무 가지 사이에
돌멩이 하나 박혀 있었다

드릴 것이
그것뿐이라

아무 소원도
적어놓지 못하였다

천년만년 가슴속에
묻어둘 것이
돌멩이 하나뿐이라
금동보석함에 담아서 드리기도 무엇해서
대추나무 가지 사이에
꾹꾹 눌러 끼워놓았다

그것이 무슨 보석이라고
돌멩이 위에

두툼하게 덧살을
붙여가고 있었다

봄, 윤회

담장 밑에 쪼그리고 앉아
햇볕을 받아먹던 할머니
멀리서 보면 먼지버섯처럼 동그랗게 보인다
금방 먼지 폴폴 날리며 쪼그라들 것 같다
자신을 잔뜩 부풀리고 앉아
햇볕도 송구스럽다는 듯이
연신 굽신거리며 받아먹는다
빨강 플라스틱 목욕의자에 앉아
전단지를 펴서 쌓아놓고
골판지 박스도 할머니 키보다 높게 쌓아놓았다
한겨울 지나고
할머니가 쪼그리고 앉아 있던 자리에

할미꽃이 다소곳 피어
할머니가 받아먹던 햇볕을 받아먹고 있었다

빈집

문짝을 떼어가
안방까지 환히 보인다
털려도 골백번은 털렸을 집
숨길 것이 무엇
더 남아 있을까 싶은 집
호박덩굴이 집 한 채를
다 덮어버렸다
꽃등불로 집 한 채를
다 밝혀놓았다

귀천
—감나무

그때, 우물 속에서는 인기척이 느껴졌다.
이승을 향해 문을 조금 열어놓고
들여다보고 있었을 것이다.
이승에서 저승으로 떨어지는 붉은 감을
서로 먼저 차지하려고
우물 속에서는 잠시 소란이 일어났을 것이다.
감나무가 온몸을 기울여
감 하나를 내려놓고 나뭇가지를 다시
들어 올릴 때까지 웅성거리는 소리 그치지 않았다.
붉은 살 한 점을 서로 먼저 뜯어가려고
한가운데 생긴 물결이 우물 끝까지 번졌다가
다시 안쪽으로 되돌아왔다.
그때, 우물 속에서는 인기척이 느껴졌다.
이승을 향해 문을 조금 열어놓고
얼굴을 알아보지 못하게 문 뒤에 숨어서
조붓하게 열린 문틈으로 손을 내밀어
늘어진 나뭇가지를 우물 쪽으로 잡아당기고 있었다.

절개지(切開地)

늘 다니던 길도 한철 장마가 지나고 나면
장마에 떠내려가서 두리번거릴 때가 있다.
소나무 뿌리가 불쑥 솟아 있거나
무덤 속에서 발을 내놓고
세상을 걸어 넘어지게 할 때가 있다.
무덤 속으로 얼굴을 쓱 디밀고
왜? 하고 말을 걸고 싶을 때가 있다.
발목을 잡고 쑥쑥 끌어내서
얼굴에 묻은 흙을 털어주고 싶을 때가 있다.
어머니의 무릎을 뚝, 뚝 꺾어서
무덤 속에 다시 서둘러 집어넣고 내려오는데
소나무 뿌리에 자꾸 발목이 걸렸다.

술병처럼 서 있다

주방 모퉁이, 싱크대 옆에
늘 있었던 것처럼 술병이 하나 서 있다.
평소 술을 못 마시던 어머니 제사상에
초헌하고 아헌, 종헌하고도
첨작까지 하고도 반 이상 남은 채로
술병이 하나 서 있다.
밀봉의 마개 한번 열린 후로
술병은 쓰러질 수 없다.
굴러다닐 수 없다.
남은 대로 서서히 김이 빠지면
식구들은 슬쩍슬쩍 술에 취한다.
아내나 아버지나 그리고 나는
한 잔의 음복술도 마시지 못하면서
우리는 서서히 술에 취한다.
술병이 비고 쓰러질 때까지
아내도 아버지도 그리고 나도
술병처럼 서 있다.

서주석

충북 청주 출생. 영문학과 문학치료 전공, 자연치유학 박사. 1993년 시인 등단. 시치료, 동작 중심 예술치료 전문가, NLP 트레이너. 저서 『내 친구 두두물물』 『시가 나를 만든다』 『심우도와 시치료』가 있음. 2016년 〈한국시문학상〉 수상. 현재, 시치료학회, 숲 명상 문학치료협회 부회장.

E-mail: choranara19@gmail.com

심우꽃 외 9편

마음 안에
매미 있는가 호랑이 있는가

곽암과 만해가 물었던 길

길의 끝자락에서
내가 심우(尋牛)하려니

파란 눈의
융에게 길을 물어
페르조나를 해체한다

동시(東時)와 서공(西空)이 소통하며
하나로 돌아가는 길
심우꽃 만발하려는가.

견적꽃

발자욱 무성하고
산속의 봄 익어 가는데

하늘 콧구멍에 열린 곽암
옛길을 돌아보는 경허

불안이 낳은 그림자는
유년의 기억을 풀어내고
하늘 향한 콧구멍
숨길 따라 호흡 따라

둘이 아님을 아는 순간,
피어나는 견적꽃.

견우꽃

머리 뿔이 삼삼한
소뿔을 통째로 보니
얼~쑤 좋구나

좋은 때에 발가락은
왜 이리 가려운가
가려움 따라
존재의 둥지를 찾아보네

발가락 가려울 땐
입고 있는 옷
통째로 벗어야 하리

두각 삼삼한
아름다운 상처 둥지에
견우꽃 화들짝 피어난다.

원형꽃

등안사벌(登岸捨筏)

소를 잡고 보니
나인 듯
내가 아닌 나

살불살조(殺佛殺祖)

죽어야 산다 하니
죽고 또 죽을밖에

소 잡은 환희심 두고
원형 에너지 속
몸 맘 함께 모셔오니

오롯이 피어나는 득우꽃.

목우꽃

잡은 소를 놓칠까

두려운 마음 여전한데

길 아닌 길

빠질까 조심조심

알아차림 정진으로

고삐를 다시 잡는다

돈오(頓悟)의 깨우침과

점수(漸修)의 수행전진

업습의 깊이가 드러날 때

목우꽃,

볼록 피어난다.

치유꽃

봄바람 향기마저
입속에 잘근잘근 씹히고
저녁노을 한 박자 한 가락
콧노래 흥건한데

여법(如法)의 길이기에

숨 속에서
주객이 하나로다
안과 밖 둘이 아닐세

배꼽에서 천지로
천지에서 배꼽으로
신명나는 치유의
통합꽃.

참나꽃

애초에 없던 소
불같은 소
찾아 달려온 길
소 없이
소 없음도 알 수 없기에

신기루 같은
소 흔적만 한가로이 바라보네

착각도 무지도
신기루처럼 사라지고
깨어나는 의식 속
참나꽃 한 송이 피어나네.

비움꽃

오롯이 고요히

흐름과 리듬 속으로

돌고 돌며

텅 비어 있으니 어쩌랴

비움이 가득하니

또 어쩌랴

눈인 듯 불인 듯

불인 듯 눈인 듯

돌고 도는 만다라꽃.

부활꽃

노랑나비 노란 대로
하얀 나비 하얀 대로

착각을 벗고 보니
소가 나비인 듯
나비가 소인 듯

나비를 보고 있던
내가 바로
나비였구나
나비로구나

나비 절로 나니
나비 겨드랑이 속
부활꽃 한 송이 날아드네.

나비꽃

꽃과 사람

물과 불 사이로 날아드는 나비 한 마리

더듬이를 크게 펼쳐

고목에 꽃을 피우네

꽃이면 어떠하리

나비이면 어떠하리

함께 피고 같이 날면

두두물물 살 만하리

삼천대천 온 누리에 살데꽃 만발하리.

윤정구

경기 평택 출생. 1994년 《현대시학》 등단. 시집 『눈 속의 푸른 풀밭』 『햇빛의 길을 보았니』 『쥐똥나무가 좋아졌다』 『사과 속의 달빛 여우』 『한 뼘이라는 적멸』 외, 시선집 『봄 여름 가을 겨울, 일편단심』, 산문집 『한국 현대 시인을 찾아서』 등이 있음. 문학과창작 작품상, 공간시낭독회 문학상 등 수상. 〈현대향가시회〉 동인.

E-mail: jyoon2012@daum.net

한 뼘 외 9편

한 뼘 남짓 될까,
학의 다리로 만들었다는 하얀 뼈피리

간 봄 떨어진 동백꽃 울음으로
삼경 지나는 초승달 소리로

별 총총 새벽하늘 건너갈 때

가느다란 두 다리 가지런히 모아 펴고
겨울 바다 깊숙이 뛰어들더니

꿈결이었나,
올곧은 다리가 저어 간 은하의 밤

오래도록 지워지지 않는
전생(前生)의 한 뼘

세인트 히말라야

눈보라 휘날리며 바위산 치돌아 달려가는 히말라야긴꼬리여우

추락하듯 온몸을 내리꽂아 긴꼬리여우를 덮치는 흰빰독수리

14좌 완등을 꿈꾸며 햇살 아슬한 빙벽을 타고 오르는 산악인

평생을 건 한순간 목숨 던져 히말라야 짙푸른 하늘에 가닿는다

아버지의 아버지

어느 날 마침내 나도 베어졌다
침목이 되어 아버지 옆에 누웠다

아버지 옆에는 아버지의 아버지들이
엮인 굴비 두름처럼 차례로 누워 있었다
아버지를 밟고 달려온 기차는 내가
어찌할 사이도 없이 순식간에 나를 지나쳤다

기차의 기적이 사라지면
천지는 다시 적막강산
나는 비에 젖어 투정도 하고
젖은 몸을 햇볕에 말리기도 하면서
어둠 속에 떠오를 맑은 눈빛,
다정한 별을 기다린다

언제까지 이렇게 있어야 하나요?
기차는 어디로 가는 것이지요?

자꾸 질문을 해대는 내 손을
아버지는 말없이 꽉 잡고 있다

산수유 화엄

만세 부르듯
두 팔을 번쩍 들어 올린
산수유 가지에 매달려
꼬무락거리던 백팔번뇌
점, 점, 점,
빨갛게 익었다
잘 견디어 익히면
번뇌도 곱다는 말씀인가
함박눈 내리면
더욱 기막힐 거라지만
다들 어디로 갔을까
실잠자리, 풀여치, 서리귀뚜리……
짙푸른 산수유 그늘에 숨어
함께 꿈꾸던 이들

너구동의 봄

너구동의 봄 햇살은
돌멩이도 움을 틔우나 보다
따끈해진 돌멩이 속에서
삐약! 삐약!
병아리 소리가 들렸다
돌멩이의 부화(孵化)라니!
천년을 기다린 돌 속의 병아리가
마침내 부드러운 부리로
딱딱한 돌껍질을 두드리다니!
무심(無心) 속에
저리 유정(有情)한 목숨줄을 심는
햇살의 염력(念力)으로
돌멩이 하나씩 깨어난다
너구동 골짜기 가득
햇병아리 소리다
날아라 돌멩이들!

사슴벌레

소정방에게 쫓긴
백제의 장수들이
익산군 금마면 월성리 산 180번지
성글라라수도원 뒤 참나무 숲속
아직도 제 힘에 버거운
긴뿔투구를 쓰고
　이리 밀둥
　저리 밀둥
육박전 연습을 한다

한번 들어오면
다시 나갈 수 없는 봉쇄수도원
(죽어서도 그들은 수도원 안
묘지에 묻힌다)
뒤뜰 한쪽에서
삼천궁녀 중에 살아남은
몇 송이 도라지꽃이
보랏빛 초롱과 흰 초롱을

왕궁 쪽으로 켜 든다

사슴벌레들은 일제히 엎디어
투구를 땅에 대고 조아린다
　미륵사 종소리만 울리오소서
　저희는 모든 것이
　준비되었나이다
푸른 달빛 아래
선창하는 늙은 해사달이
부르르 긴 뿔을 떤다

(세상이 바뀌었다고
차마 얘기하지 못하고 돌아선다)

사과 속의 달빛 여우

베어 문 사과 속에 달빛 한 입 묻어 있다

고향에서 보내온 풋사과 맛의 골짜기 어디쯤
길이 끊기고 멸악산 갑자기 높아져서
캉캉 여우 울음소리가 하늘로 퍼져 올라갈 때

사과나무도 분명 그 날카로운 여우 울음소리를 들었으리라
한낮에는 댑싸리 빗자루보다 더 길고 풍성한 꼬리를 끌고
부드럽게 보리밭 끄트머리로 걸어 나오던 그 여우의
송곳처럼 날카로웠던 울음소리

잡목 우거진 여수골의 밤 달빛이 얼마나 고혹적이었는지
밤길을 잃어버려 본 사람들은 안다

눈 속에서 낙엽 속에서 녹음방초 속에서 여우는 그렇게 숨어서 울었지만

사람들이 그 여수골 입구를 일구고 사과나무를 심어나가자

여우는 마침내 마지막 울음을 남기고는
나무 사이 푸른 달빛을 타고 멸악산 등성이를 넘어갔다

달빛 묻은 사과를 한 점 베어 먹는다
손전등처럼 반짝이던 두 눈, 달빛 여우가 보인다

일편단심(一片丹心)

— 백마고지 소년병을 위하여

단원이 그린 젊은 선비 얼굴 밑그림처럼
살짝 부풀어 오른 두개골 아래
볼록한 광대뼈만 남고
휑하니 뚫린 두 눈구멍
뜨거운 눈물 말라붙은 자리

열두 살 소년의 철모에 푸른 녹이 슬고
구멍이 뚫리고
군번줄과 계급장에도 탄약류가 엉겨 붙어
글씨는 차츰 흐려지고
두개골과 앙가슴 뼈에
숱술 바람 들락거리는 사이에도
단정한 어깨
갓 들어온 소년병은
배운 대로 참호에 기대어
70년 동안
사격 자세를 풀지 않고 있었다

강원도 철원군 395고지
흙터처럼 길게
캄캄한 참호가 누워 있는 자리
눈비 오고 바람 불어도
철모 옆에 진달래가 피고 져도
일편단심(一片丹心) 먼 하늘을 지켜보던
앙상한 뼈대
여든두 살 소년병이

막 내린 연극에서처럼
부스스 일어나
보고픈 어머니에게로 달려갔다

유리시경(琉璃詩境)

—자하(紫霞) 신위(申緯)는 시를 향한 맑고 고요한 마음의 지극한 경지를 유리시경이라 불렀다. 시서화(詩書畵)에 취한 그의 마음을 훔쳐보는 감나무가 있었다.

바보 먹감나무가 말없이 담장 너머로
자하(紫霞) 선생의 붓글씨 쓰는 것
묵죽(墨竹) 치는 것을 얼빠진 듯 넘겨다본다
붓끝을 감추는 역입(逆入)
마디마다 멈추어 획을 살리는 삼절(三折)
그리는 게 아니라 투욱투두툭! 가지 쳐 가는 댓잎들을
눈썰미 있게 들여다본다

내게 붓이 있었으면
화선지가 있었으면
아아, 내게 팔과 손이 있었으면
먹감나무 그렇게 절망하면서도
틈틈이 자하 선생 글씨와 그림을 따라
마음속으로 긋고 또 긋더니
남몰래 흐뭇한 웃음도 짓더니

묵죽과 붓글씨를 뛰어넘은

먹감나무의 유리시경

마침내 단아한 문갑(文匣)이 되었다

복음

우람한 후박나무 어깨가 움찔한다

후박나무 겨드랑이에서 반짝
새어 나오는 초록빛

납골 속
반짝이는 사리처럼
딱딱한 껍질을 뚫고 나오는,
바늘 끝보다 뾰족한
생명의 끌!

몇 겁이나 어둠 속을 헤매었을까

바깥세상으로 기어 나온
갓 난 잎새 하나가
응애,
송곳 울음을 터뜨린다

최영규

강원 강릉 출생. 1996년 《조선일보》 신춘문예 등단. 시집 『아침시집』 『나를 오른다』 『크레바스』가 있음. 2000년 문예진흥기금 수혜. 〈한국시문학상〉, 〈경기문학상〉, 〈바움작품상〉 수상.

E-mail: choibm@empas.com

설산 아래에 서서 외 9편

발을 헛디뎌 몸이 넘어진다
산도 넘어진다
겨우 추슬러 마음 하나 도로 세우고
이제는 보이지 않는 너를
혼자서 본다

설사면에 튀긴 햇살이 칼끝처럼 몸속을 파고든다
냄새로 찾아가는 설산의 내막
바람은 울음으로나 길을 찾아 가는데
여러 번 꺾인 몸은
조각난 얼음 속으로 파묻히고 밟히면서
누구를 찾아 가는가

끝도 없는 고집
혼자 앞장 세워 겨우 모퉁이 돌 때
아, 저기 설산 아래 까맣게 떠오르는 사람
이름도 지워버린 채

울지도 못하면서
무릎만 젖어 흐르는 너는
오래 흔들리면서
무한정 기다리는 나는

바람이 되어, 바람의 소리가 되어

새벽까지도 바람은 텐트를 잡아 흔든다
정신에 섬뜩 불이 켜지고
밤새 어둠을 밟고 온 새벽은 칼날처럼 선연하다

고요한 함성,
명치끝 어디쯤에 뭉쳐 있던 불꽃인가

라마제* 때 건 불경(佛經) 빼곡히 적은 깃발들이
바람 앞에 안간힘을 쓰고 있다

온몸을 뒤척이던 바람은 나를 흔들어 세우고
낭파라를, 갸브락 빙하를, 끝없는 티베트 설원을 간다
내가 딛고 서 있는 여기, 이 땅의 끝
초오유 정상 너머로까지 뜨거운 갈기를 세운다

아, 거대한 빙하와 속을 알 수 없는 높고 거친 설산들
그들 앞에 내팽개쳐진 듯
나는 혼자다

한 번도 가보지 못한,
그러나 가고 싶은 그곳으로
바람이 되어,
그 바람의 소리가 되어

---

*라마제(lama祭): 일반적으로 원정대들이 등반의 성공과 무사귀환을 산신에게 기원하는 전통적인 티베트의 불교의식.

야크

꺾이거나 부러지지 않을
저 다리, 저 무릎

무너지며 흘러내리는
파석(破石)의 모레인 지대*
깎아지른 급사면에
사선(斜線)을 그으며 전진하는 야크**

삶과 죽음을 함께 담보하는
고산의 영역과
어리석은 외눈박이 인간들을 연결하는
특별한 짐꾼
저 특별한 구도자(求道者)

가끔 하늘을 볼 뿐
가끔 커다란 머리를 흔들어 털 뿐
할 말은 있지만
어금니를 물어 입을 닫은

묵언의 정진

그들의 주먹만 한 까만 눈동자에 담겨 있는
알 수 없는 경계 밖 그곳으로
외눈박이 인간들을
인도해 간다

---

*모레인(Moraine) 지대: 빙하에 의해 운반되어 쌓인 퇴석구(堆石丘) 즉 돌, 모래, 흙들이 거대한 강처럼 형성된 지역.

**야크(Yak): 티베트와 히말라야 지역 고산지대에서 사는 긴 털과 짧지만 강한 다리를 갖고 있는 소의 일종으로, 하루에 무거운 짐을 30km 이상 운반할 수 있어, 티베트 등 고산지역에서는 주요 운송수단으로 이용하고 있다. 야생종은 고도 4,000~6,000m에 이르는 고원에 분포해 살고 있다.

빙하

지금을 영원이라고 하자

생각의 흔적마저 지워가는
시간의 눈빛이거나 고뇌라고 하자

처음부터 내 것이 아니었던
아름다움처럼

영원을 지금이라고 하자

정상엔 아무도 살지 않았다

하늘마저 얼어붙은 정상에 풍경 따윈 없었다. 적막을 뒤집어쓴 허공만이 나를 반길 뿐이었다. 얼음의 숨결이 내 숨결을 막았다. 찰나의 환호성마저 바람이 잘라먹었다. 하지만 神은 끝내 모습을 보여주지 않았다.

정상엔 아무도 살지 않았다.

크레바스*

칼질을 당한 커다란 흉터였다
아니 긴 시간 날을 세운 깊은 생각이었는지도 모른다

목을 뻗어 내려다보는 순간,
보이지 않는 바닥 그 어두운 곳으로부터
빙하의 서늘한 입김 훅 올라왔다
색깔을 분간할 수 없는
기억에서조차도 사라져버렸던 그런 어둠이었다
순간 주춤, 허벅지 근육에 힘이 들어가며
두려움이 힘을 썼다

영원히 헤어나지 못할
속박(束縛)의 공간

입구에서 떨어진 얼음 조각들이
섬광처럼 잠깐씩 반짝거리곤
깊은 얼음벽을 따라
나의 시선과 함께 어둠 속으로 사라졌다

함부로 가늠할 수 없는 시간의 함정

* 크레바스(crevasse): 빙하가 갈라져서 생긴 좁고 깊은 틈. 크레바스는 좁은 곡지를 흐르던 빙하가 넓은 장소로 나가는 곳이나, 곡류하는 지점을 만나게 되면 그 지역을 중심으로 집중적으로 생성된다.

높이의 힘

높아질수록 거칠어질수록
돌부리에 채이며 쓰러질 뻔한 숨소리가
있지도 않았던 일처럼
침묵 속으로 사라진다

침묵은 두려움으로부터 오는 어둠일까
눈뜰 수 없는 설원의 밝음일까

겹겹이 껴입었지만
불편하도록 두꺼운 장갑과
삼중화를 스미고 들어오는
바라보는 눈빛을, 소리를,
만용과 깍지 꼈던 자신감까지 얼려버리는
저 비탈의 정리되지 않은 높이의 힘

처참한 사고의 상상
걸을수록 그만큼 흔들릴 수밖에 없는
그 안 깊숙한 곳에서 오히려 선명하게

덜그럭거리고 있는,
새파랗게 질려서
투명한 알몸처럼 감춰지지 않는다

그러나 있지도 않았던 일 같았던
없을 곳에 대한 사라지지 못한 끌림이
없던 소리가, 없어진 소리가,
오르기로 오르겠다고 결정했던 처음 그것이
걸음이 되어 걸음이 되어
여기를 오르고 있다

심정(心旌)*

피가 섞인 콧물이 흐른다
침을 삼키려면 터져버릴 것 같은 목울대,
온몸을 웅크린 오소리 꼴이 되어서는 주위를 살핀다
아침이면 어김없이 핏덩이 섞인 가래를 한 움큼씩 뱉어낸다
허기로 숨 쉴 기력조차 없지만
막상 밥알은 단 한 톨도 목구멍 속으로 삼킬 수 없다
누가 내 머릿속에서 맷돌질을 하는가
틈 없이 덤벼드는 두통
아, 모든 게 자근자근 나를 무두질해대며
하산! 그만 하산하라고,
후들거리는 허벅지로 겨우 버티고 서 있는 나를 밀어
바람 앞에 세운다

오후 4시, 한낮도 훨씬 지났는데 햇살은 여전하다
저 기세라면 어제 내린 폭설도 농담처럼 가볍게 녹이고,
바람은 다시 구름을 불러 모아
하늘을 잘게 부숴놓을 것이다 거짓말처럼
반복되는 폭설 그리고 오한

오늘이 며칠이더라,
환각처럼 보이는 저 멀리, 빙하 아래쪽으로
소용돌이치며 흩어지는 내가 보인다

---

*심정(心旌): 마음의 깃발. 바람에 나부끼는 깃발처럼 마음이 안정되지 않아 산란한 상태를 이르는 말.

너도 나비

1.
카라반* 중에 머물렀던
고도 4,300미터의 마지막 고원마을 팅그리(Tingri)

움막만 한 돌집 옆으로 순무 몇 줄 심어놓은
채마밭에서 만난 배추나비

"저요?"
"하얀 날개를 가진 배추나비죠!"
"세상이 얼마나 넓고 높다고요!"
말대꾸를 하는 듯 조금 과장돼 보이는 날갯짓

너무도 까마득해 끝이 안 보이는 티베트 고원
그 한 귀퉁이
작은 돌집 옆 채마밭을
허둥대는 몸짓으로 날고 있는
저 배추나비

2.

저 멀고 높은 곳 누군가의 눈빛이

목덜미를 쓱 훑고 지나갔다

---

*본격적인 등반이 시작되는 기점인 베이스캠프까지 등반용 물자를 운반하면서 전진하는 것.

눈사태

저렇게 격노하는 山의 마음을 알기 위해서라도 이 눈보라를 견뎌내야 한다. 쭈그리고 버틴 지 이틀째 새벽. 山 아래로부터 붉고 푸른색의 햇살을 쏘아 올리며 아침이 올라왔다. 구부린 허리 너머로 파란 하늘이 현기증을 일으켰다. 장비를 챙기고, 고소증세로 메슥거리는 뱃속으로 알파미*를 밀어 넣었다. 허벅지를 오르내리는 신설(新雪) 속에 크레바스가 아가리를 벌리고 있을지 모른다. 눈 속의 허공과 눈 위의 허공을 건너야 한다. 발끝의 풍향계가 눈을 뜨는 그때 건너편 급사면으로 엄청난 눈덩이가 쏟아져 내렸다. 눈, 눈, 눈의 사태. 그렇게 山은 의욕(意慾)과 만용(蠻勇)으로 가득 차 있던 나의 발걸음을 꾸짖고 있었다.

---

*알파미: 기압이 낮아 밥을 짓기가 어려운 고도가 높은 곳에서 이용하는 건조시켜 경량화한 즉석식품.

오석륜

충북 단양에서 태어나 대구에서 성장. 시인, 번역가. 칼럼니스트. 2009년 《문학나무》 등단. 시집 『사선은 둥근 생각을 품고 있다』 『파문의 그늘』, 산문집 『진심의 꽃-돌아보니 가난도 아름다운 동행이었네』, 연구서 및 역서 『미요시 다쓰지(三好達治) 시를 읽는다』 『일본어 번역 실무 연습』 『일본 하이쿠 선집』 『풀 베개』 외 다수가 있음. 현재 인덕대학교 비즈니스일본어과 교수.
E-mail: sugyoono@hanmail.net

강의실에 흐르는 강 외 9편

새 학기 첫 번째 강의시간.
강의실 여기저기 무겁게 자리 잡고 있는 긴장을 깨우며
출석부 속의 학생들 이름을 부르는데,
김슬기, 박슬기, 이슬기 등,
슬기, 라는 이름이 유난히 많아서,
이 강의실은 강이네요, 했다.
학생들이 의아해했다.
슬기, 라는 이름을 가진 세 명의 이름을 합하면,
다슬기니까 여기가 강이지요.
자네들만으로는 강이 안 되는데,
김바위, 라는 학생도 있어서
강이 되는 겁니다.
강은 서로 부둥켜안고 바다로 흘러가는 성질이 있습니다.
나도 강이 되어 함께 할 테니 여러분도
열심히 공부해 강처럼 흘러
흘러 바다로 갑시다, 라고 부탁하자
강의실 여기저기서 고개를 끄덕이며 웃어주는
강물들이 보이기 시작했다.

아름다운 파업

밤새
떨어진
은행잎이
누워 있던
빗자루를
덮어버렸습니다

그날
아무도
빗자루가
어디 있는지
찾을 수가 없었습니다

사랑의 빨래

어쩌지요,
아내에게 화냈던 일을 사과하려고 쓴 편지가 사라졌습니다.
어디로 갔는지
도무지 알 수가 없었는데
세탁기에서 다 빨린 빨래를 널 때 알았습니다.
티셔츠 주머니 속에 넣어두었던 편지가
몇 백분의 일로 자기 분열하여
무슨 글자인지 전혀 알 수 없게
망가져 버렸다는 것을,

세탁기 통 속에서 그 아찔한 고속회전을 참아내며
미안해요, 라고 쓴 글자의 일부인
미안, 은 희미하게 살아남아
작년 이맘때 사준 아내의 원피스에
옮겨붙어 있었지만
그 글자 떼어내서 보여줄까 말까 고민하다가
그냥 원피스 훌훌 털어 예쁘게 널었습니다.

세탁기를 돌리고
빨래를 너는 동안
볕 좋은 곳으로 나온 아내의 목소리도
풀려 있었기 때문입니다.

파도 소리

파도 소리였습니다.

이리저리 몸을 뒤척이는 형에게서 세찬 파도 소리가 났습니다.

월세에서 전세로 옮겨간다는 설렘 때문이었을까요.

일찍 세상 뜬 부모님을 대신해

작은 전셋집 마련하느라 힘들어서 그랬을까요.

바다 무늬가 그려진 이삿짐 보따리에서

자꾸만 파도 소리가 흘러내려

마침내 형의 베갯잇까지 흠뻑 적시고 있었습니다.

파도 소리에 내 잠자리마저 젖어

젖어

잠을 통 이루지 못하고 뒤척이기만 했던

열여덟의 방이 있었습니다.

나비효과

나를 만나러 나올 때 그녀는
노란 원피스를 입고 나오는 일이 많았습니다.
나비 같았습니다.
얼마나 예뻤는지
그녀가 움직일 때마다 무심코 지나치던 봄바람도 햇살도
옷 날개에 숨어들었습니다.
그녀가 꽃인 줄 알고
나비도 제 그림자를 던져주고 갔습니다.
어느 날,
그렇게 찾아온 봄바람과 햇살과 나비 그림자를
나에게 아낌없이 나누어주고 싶다는 말을 들려주었을 때
극심한 두근거림 혹은
설렘이 일어나고 있었습니다.
그것은 힘겹게 살아가던 내게 살아갈 만한
충분한 이유로 피어나기도 했는데
문제는 세상이 온통 혁명을 일으킨 것처럼
아름답게 보였다는 겁니다.

사과꽃

사과꽃이 한창이던 봄날, 육학년 칠반에는 나와 명희가 서로 좋아하는 사이라는 소문이 피어나고 있었습니다. 그런 소문 때문이었는지 명희는 가끔씩 나와 마주칠 때마다 얼굴을 붉혔습니다. 사과 같았습니다. 얌전하기만 하던 그 애한테 말 한 번 제대로 붙여보지 못하던 어느 날, 그녀 집 앞을 지나다가 대문을 열고 나오는 명희를 보고는 나도 얼굴이 붉어졌습니다. 마치 낙과한 사과처럼 그 골목을 벗어나 엉뚱한 방향으로 길을 서성거렸습니다. 그 애가 나를 바라보고 있는지 궁금했습니다. 그러나 그 후로 우리는 폈다가 이내 속절없이 져버린 사과꽃처럼 서로 말 한 마디 붙이지 못하고 졸업하였습니다.

고등학교 진학해서 만난 친구가 경주 건천에서 사과 과수원을 하고 있었습니다. 처음으로 그 친구 집에 초대를 받아 대구에서 건천으로 놀러가던 날, 사과꽃을 보았습니다. 아, 그때, 꽃을 보는데 명희 생각, 사과처럼 얼굴 붉히던 명희 생각이 났습니다. 집에 돌아와 사과 과수원에서의 느낌을 시로 옮겨 현상문예에 투고를 했는데, 김춘수 시인께서 뽑아 주셔

서 상을 받았습니다. 몇 번이나 읽고 또 읽던 시와 심사평, 아, 그때 행간마다 흐르던 사과꽃 같은 향기. 그러나 그 후 그녀의 소식은 잊고 살았습니다.

고등학교를 졸업하고 서울 생활한 지도 사십 년 가까이. 무수히 사과꽃도 피었다가 졌을 겁니다. 친구 집도 이제는 사과 과수원을 하지 않습니다. 벚꽃보다 사과꽃이 더 예쁘다넌 친구 어머니도 몇 년 전 사과꽃 이파리처럼 저 세상으로 흘러갔습니다. 동창생으로부터 들은 얘기로는 명희는 목사 부인이 되었다는데, 경기도 어딘가에 살고 있다는데, 소식은 끊겼다고 합니다. 사과꽃 피는 봄이 오면 사과 과수원을 찾아가야겠습니다. 사과꽃을 좋아하던 친구 어머니를 생각하며 한참을 서성이겠습니다. 사과꽃 향기를 맡고 온 벌처럼 명희의 소식도 전해질지 모르겠습니다.

아름다운 꽃밭

열기로 가득한 프로야구 경기장을
꽃밭이라고 생각하고 들어왔을까
커다란 나비 한 마리
그라운드에서 일루와 이루 사이를 날아다니자
타석에 서 있던 강민호 선수
갑자기 손을 들어
심판에게 경기 중단을 요청하였다

경기가 잠시 중단되자
이 상황을 지켜보던 나비가
알았다는 듯
너울너울 춤을 추며
서둘러 경기장을 벗어나고 있었다

관중들도 선수도 중계방송 하던 아나운서도
모두 안도의 한숨을 내쉬고 있는 경기장은
그날 아름다운 꽃밭이었다

강가에서

강이 하루 중에서 가장 외로울 때는
노을이 사라질 때였다

강은
제 몸에서 완전히 빠져나간 해가 그리워
가장 맑고 맑은 발성으로 흘렀다
누군가를 부르는 것 같았다

그 목소리가 하늘까지 전해졌을까
달 하나가 서둘러 나와
해가 빠져나간 바로
그 자리로 찾아들어가고 있었다

강의 외로움이 조금씩 풀리고 있었다

낙동강

아무것도 가진 거 없는 사람들이 벌어먹고 사는 데는
서울만 한 곳이 없다는 소문만 믿고 짐을 챙겼다.
그 위안을 별처럼 촘촘하게 새긴 가방 하나만 들고
낙동강을 나서는데
곱은 손 펼치며 몇 개의 추억과 몇 개의 바람을 쥐어주던 억새들
수도승처럼 서서 나를 조금씩 밀어내고 있었다.

겨울 안개는 내가 품고 있던 위안을 덥혀주려고
강가 쪽에서 몰려왔지만
그 속을 비집고 들어가 안개 목욕을 마친 겨울새 한 마리는
완치되지 않은 폐결핵 환자처럼
여전히 낯선 기침으로 쿨럭쿨럭 거렸다.
울음처럼 뱉어낸 객담 한 움큼을 바람이 풀어헤치고 있었다.

더 이상 가난과 병을 갖고 돌아와서는 안 된다며
어떻게든 서울 가면 성공하고 편지도 꼬박꼬박 써달라고

떼를 쓰던
낙동강의 길고 긴 포물선
그림자처럼 따라오며 허공으로 퍼져가고 있었고
그렇게 허공에 펼쳐진 길을 촉촉이 밝히려고
동대구발 서울행 야간열차가 기적을 울리고 있었다.

여비 한 푼, 학비 한 푼 보태주지 못했다며 한없이 흐느끼넌
누님 같던 낙동강의 물결이
한강까지 동행하며 거슬러 올라오는 동안
뜬눈으로 밤을 새운 차디찬 달빛은
자꾸만 내 손바닥으로 흘러와 짙은 손금 하나 새겨주고 있었다.

설중매 1

매화는
갓 피어난 자신의 속살을
곁눈질하느라
제때 돌아가지 않은 철새가
얄미웠나 보다.

눈발이 퍼붓자
자신의 속살을 하얗게 덮어버린 것도
그 때문이다.

아, 어쩌나.
설중매에 넋을 잃고
아예 눈발에 제 몸을 맡겨버린
저 하얀 철새
한 마리.

한이나

충북 청주 출생. 청주교육대 졸업. 1994년 《현대시학》에 시를 발표하며 작품 활동 시작. 시집 『물빛 식탁』『플로리안 카페에서 쓴 편지』『유리 자화상』『첩첩단풍 속』『능엄경 밖으로 사흘 가출』『귀여리 시집』『가끔은 조율이 필요하다』가 있음. 〈서울문예상〉 대상, 〈한국시문학상〉, 〈한국꽃문학상〉, 〈대한민국시인상〉 대상, 〈영축문학상〉 등 수상.
E-mail: baulina103@hanmail.net

파릉의 취모검 외 9편

칼날 위에 머리카락을 올려놓고
입으로 불면 끊어지는
취모검, 칼 한 자루 생각한다
잡풀 무성한 마음까지도 쓰윽 슥
단칼에 벨 수 있는
이를테면 사람을, 세상을 살리는
활인검

쇳물이 되었다가 뜨겁게 열 가한 칼날이
도라지꽃으로 푸른빛을 띨 때
때려 펴고 갈아주길 무수히 반복하면
고통의 한 가운데
녹슬지 않는 금강의 시간들

언젠가의 생애에 내 한 번은
대장장이 곳집의 칼이었을지도
길이 1미터 넘는, 날카롭게 날이 선
칼의 잔혹한 말을 견디며

더 나은 삶을 위해 바치는 또 다른 눈부심
기묘한 아름다움의 칼들
제 마음을 무수히 베이고서야 한 마음을 얻는 칼자국들

속이 하얗게 빛나는 잘 벼린 칼의 날을 맨손으로 짚고
고요히 목숨을 건너는 하루,

나는 나를 잊는다

붓꽃 춤

붓 끝에서 피어나는 묵향

저 만연체의 붓꽃,
가만 한 손을 들었다 놓고 살랑
남색 치마 아래
외씨버선 코 보일락 말락
마음절벽에서 써 내려가는 붓글씨

더는 한 획도 옥판선지에 글자
내딛지 못한다 슬픔의 내장량 온전히
다 들어내지 못한다

느릿느릿, 새가 되어 날아가는
저 울음

산 하나 옮겨 적는다

버들잎 관음도

꿈속에서 또 다른 꿈을 꾸었지요
칠백 년 만에
버들잎 관음도 속으로 들어가 마주서 있었지요
어둠 저편 나를 만나려 고려에서 건너온
관음의 눈빛 쓸쓸함을 보았지요
수없이 포갠 색 쌓아올려 각기 다른 색으로
풀어낸, 비단 화폭의 고고함
슬픈 듯 깊고 깊은 고요로 빛났답니다
나의 고단함을 보살핀다는 자비의
버들잎 부처를 보았지요
손가락 끝에서부터 연꽃무늬 옷자락 치마 끝까지
흐르는 선, 차분한 농담의
아름다운 극치
겉으로 한 벌 걸친, 한바탕 꿈속의 짧은
꿈 세상을 보았다니요
버들잎 관음도 밖으로 걸어 나와 거니는 국립중앙박물관
떡갈나무의 마음이 꾸며낸 환상 붉은 가을이
다시 꿈속이었다니요

심죽(心竹)

활터에 서 보신 적 있는지요
뒷머리 목뼈 다리정강이 발뒤꿈치를 곧추세우고
대나무가 되어보신 적 있는지요
마디마디 대나무 속을 텅 비운 적 있는지요
과녁에 마음의 눈을 맞추고
심죽이 될 때까지
숨죽여 막막함을 기다려 본 적 있는지요
돌처럼 딱딱하게 뭉친 슬픔의 응어리 죄다 풀려나와
심죽에 흡인되는 한순간을 보셨는지요*
또 다른 세상 저 높은 달빛 문이 열리는 그때를 낚아채어
허공에 활시위를 날려버리는
이생에 단 한 번 대나무꽃 활짝 피우고 죽어도 좋을
영험의 그날,

내 속에 대나무가 자랍니다
마음을 비우고 힘을 빼고 담담히 활터에 서면
오늘 심죽이 찾아올까요
사무사(思無邪) 그 마음으로 간절히 기다리는

---

*이어령의 산문에서 차용.

색경(色經)

빛보다 어둠을 즐기기로 했다
이제 나는 어둠 속에 있기를 희망한다
가장 까만 검정색은
섭씨 천이백 도
슬픔의 불을 태운 자만이 얻는 색경이다

죽음 같은 통점,
하나도 두렵지 않다
가장 까만색을 알아버린 사람만이 얻는
색경,

나오니 삶이요 들어가니 죽음이다

노자를 읽는 밤,
허공에서 길을 찾는다

먼지의 시간

나는 먼지의 시간이다

눈 깜박할 사이, 찰나
손가락 한번 튕기는 사이, 탄지
숨 한번 쉬는 시간, 사라질 티끌의 순식간

어느새 서쪽으로 된바람이 급히 길을 건너고
천변의 찬 물줄기는 시린 발목 적시며 겨울로 간다
물속 두 발 담근 채 우두커니 재두루미
어금니 깨문 수천 리 비행,

먼지의 시간이 날개를 단다
진사빛깔로 환하게 날아오른다
먼 길 떠난 사람들이 보인다 명, 승, 창
그들의 책을 열면 다녀간 울음의 흔적들이
붉디붉은 열매로 맺혀 있다

나는

한순간 먼지의 집을 버리고 공중을 떠돌다가
어느 마을 호롱불 밑에 가볍게 착지할 것이다
땅속에 내린 뿌리 나의 끝으로.

나의 사막

사막을 곁에 두고 있다
내가 몰래 숨겨 가져온 사막의 모래
수시로 들여다보고 만져본다
눈을 감고 들어가면, 훤히
바람의 무늬며 몸의 곡선, 생각의 속살까지
열어 보이는 나의 사막
고운 모래의 능선 아래 숨어 있는
우물, 낙타풀, 사막의 장미도 찾아낼 수 있다
모래무덤에 파묻힌 수많은 병사들의
칼 가는 소리도 들을 수 있다
그들의 아름다움이거나 섧은 마음에
슬몃 별빛마냥 닿아 보다가
사막에 사는 나무
쇠양, 호양목, 홍류나무를 그리워하다가
낙타의 육봉(肉峰)에 새겨진 물의 나침반을 읽다가
책상에 그대로 엎드려 잠이 든다
한 발자국 디디면 반 발자국 아래로 미끄러지는
모래산의 높이를 오르고 오르다가

목마름에 지쳐 눈을 뜨면, 사막은 바로 눈앞에 있다
사막에서 돌아와 나는 매일 사막을 산다

환생의 방식

비단이 스쳐 바위가 닳는다는
한 겁, 한 생이
어떻게 고요히 저무는지
전생을 세어 본 적이 없다

낙뢰가 모래밭에 날카롭게 내리꽂혀
우루루 우루루 길 밖으로
어떻게 파도를 몰고 가는지
태풍의 향방을 좇아가 본 적이 없다

소라의 귀를 막는다
수평선 너머 천리안의 눈을 감는다
물고기 지느러미를 건드리는 고래의 입을 막는다

긴 울음처럼 멀리서 밀려오는
너울성 파도, 막무가내

난기류의 물살 시퍼런 목숨을 건너는 하루가

태풍이다
한 겹이다

새들의 상처

나의 풍경은 밖에 있고 너의 상처는 안에 있지

페루의 섬에 가서 본 새들은
발 디딜 틈도 없이
모여서 고요를 바라보고 있더군

죽음의 춤을 추면서 날아온, 이 길
약도 없이 단절된 꿈이 풍경을 밀어내고
상처를 가두는, 페루 그 바닷가 새똥섬
비리고 안타까운 아름다움이
세상의 끝, 그 모든 것의 끝에 서 있었지

다시 태어나 너에게 날아오르기 위하여
해변 모래사장으로 날아가 몸을 날렸네
마지막 안간힘의 비상을 위한,
영혼 그 환한 날아오름

그날 나는 새들의 비상 속에서 상처를 보았다

허공에 발 옮겨놓고 몸을 멈출 줄 아는
여린 깃털의 날갯짓, 그 풋울음을

만어사(萬魚寺) 종소리

만어산 만어사
돌 속의 물고기 일만 마리가 깨어나
일제히 종소리를 낸다
제 몸을 두드려 감추어진 소리 울려대는
고승의 화엄경을 듣고 돌이 된 남해 물고기들
나도 운무와 안개에 휩싸여
집에 돌아가지 못하면
돌이 될까
돌의 소리를 낼까
한 소식을 얻어 나를 떠나보내면 만져질 저 빛나는 반야
마음을 항복 받아
내 안에 안주시킨다
바람이 불면
나도 제 몸속 종소리를 울려댄다
뎅그렁, 언제 내 누군가를, 뎅그렁, 사랑한 적이 있었던가

밀양 만어사 너덜 앞 돌 속에는 종소리가 산다
종소리가 되는 일만 마리 물고기가 산다

고영섭

경북 상주 출생. 1989년 〈시혁명〉으로 작품 활동 시작. 1999년 《문학과창작》 시 등단. 2016년 《시와세계》 문학평론 등단. 시집 『몸이라는 화두』 『흐르는 물의 선정』 『황금똥에 대한 삼매』 『바람과 달빛 아래 흘러간 시』 『사랑의 지도』 『시절인연』(근간), 평론집 『한 젊은 문학자의 초상』이 있음. 〈현대불교문학상〉, 〈한국시문학상〉 수상.

E-mail: koyoungseop@hanmail.net

마음을 사는 일 외 9편
— 화두 1

사람이 사람에게 반한다는 것은

헬 수 없는 이유가 있을 것이다

사람이 사람을 좋아한다는 것은

셀 수 없는 까닭이 있을 것이다

어느 순간 내 마음에 깊게 파고든

정말로 나를 뒤흔든 말 한 마디

어느 순간 내 가슴에 넓게 배어든

진실로 나를 이끌었던 몸짓 하나

아아, 나를 뒤흔들었던 한 마디 말

무연한 너를 끌어당긴 하나의 몸짓.

전신투지가

내 안의 본래 마음에 절하옵나니

작은 나와 덜 큰 나를 떨쳐버리고

내가 있다 없다를 넘은 더 큰 나에게

온몸을 던지자 사라신 내 모습.

매력을 얻는 일
—화두 2

사람이 사람을 좋아하는 것은

볼 수 없는 힘에 끌리기 때문

사람이 사람을 좋아하는 것은

들을 수 없는 힘에 끌리기 때문

사람이 사람을 좋아하는 것은

만질 수 없는 힘에 끌리기 때문

사람이 사람을 좋아하는 것은

없음에서 일구어낸 성취의 힘 때문

아, 운 좋게 받은 권력 재력 버리고

자기와의 싸움에서 얻어낸 매력 때문.

사람을 만나는 일
—화두 3

사람이 사람을 만나는 것은

서로를 끄는 무엇이 있기 때문

사람이 사람을 만나는 것은

서로를 닮은 무엇이 있기 때문

사람이 사람을 만나는 것은

적절한 거리를 유지하기 때문

사람이 사람을 만나는 것은

일정한 절도를 지키기 때문

아, 사람이 사람을 만나는 것은

시공이 어우러진 시절인연 때문.

시의 날을 기리는 노래
—11월 1일은 시의 날*

말로도 글로도 설득 안 될 때

울림이 큰 시 한 편을 전달해 보라

덮인 맘을 열고 막힌 위를 확 뚫는

시는 내 마음의 우주 육체의 개벽

너와 나 사이를 열어주는 생명선

우리와 그들을 아우르는 치유제

끝내 쓰지 않으면 죽을 것 같을 때

비로소 터져 나오는 사자후 노래

아, 오늘은 내가 누군지 물어보는 날

생사가 또 무엇인지 돌아보는 날.

---

*매년 11월 1일은 세계 최초로 제정된 시의 날이자 시인의 날이다. 한국은 언어의 곳간이자 언어의 사원인 시를 기리는 곳이라는 점에서 세계 정신사의 첨단에서 있는 나라이며, 노래 중의 노래요, 가사 중의 가사인 시를 쓰는 시인은 사람 중의 사람이자 가인 중의 가인이다. 한국어는 그것을 만든 주체와 원리 그리고 그 안에 투영된 철학이 분명한 언어이며 한국시는 근세 이래 이러한 언어로 창작되어 왔다. 한국 시의 날 제정에 영향을 받아 프랑스에서는 파블로 네루다의 임종일인 1999년 3월 21일을 기념해 시의 날로 정해두고 있다. 유네스코는 2004년 3월 18일을 세계 시의 날로 선포하여 기려오고 있다.

태산에 올라보니

공자가 태산의 첨노대*에서

하늘 아래 노나라를 내려다봤더니

천하가 개미처럼 작았다지만

천하는 작지 않고 내가 작았네

미세먼지 사이에서 들것을 지듯

쌀 한 톨 밥풀 하나 물고 끌면서

무위로 쌓아가는 개미의 성채

세상에서 가장 큰 개미집 우주

아, 개미가 빚어내는 인간세상이

가장 큰 저택임을 언제 알까나.

---

* 태산: 동이족이 세운 하나라와 은나라의 무대였던 산동성의 성도인 제남 인근의 태안에 자리한 태산(1545미터)은 예로부터 동악태산(東岳泰山), 남악형산(南嶽衡山), 중악숭산(中嶽崇山), 서악화산(西嶽華山), 북악항산(北嶽恒山) 등 오악의 지존으로 알려져 있다. 정상의 옥황봉은 진 시황제, 전한 무제, 후한 광무제 등이 천하를 평정하고 하늘에 고하는 봉선의식을 거행한 곳이다. 일찍이 동이의 후예인 공자가 이곳에 올라 노나라를 내려다보고 "천하가 작다"고 한 곳에 '공자소천하처(孔子小天下處)'라는 표지석이 서 있다. 청나라 건륭제가 이곳 태산 남천문으로 행차해 머문 행궁이 복원되어 있다. 나는 2019년 9월 7일에 산동대학과 동국대학 불교대학 간의 학술대회(9.5~9.8)를 마치고 이곳에 올라보았다. 조선 초기의 문인 봉래 양사언(1517~1584)이 지은 "태산이 높다하되 하늘 아래 뫼이로다/오르고 또 오르면 못 오를 리 없건마는/사람이 제 아니 오르고 뫼만 높다 하더라"고 읊은 시조 「태산가」가 떠올랐다.

상주행 완행열차

— 서울역에서 상주역으로

마음이 느긋해지면 길이 보여요

저 풍경을 내 안으로 불러오려고

이따금씩 나는 완행열차를 타요

자가용과 버스보단 기차가 제격

서울역서 경부선 새마을 타고

김천역서 무궁화 갈아타면은

조선시대 경상감영 자리하였던

큰 고을 문 상주역에 도착하지요

거리엔 자전거가 흘러넘치고

집집마다 감나무가 지천인 고장

엄마 계신 곳에 오면 무장해제 돼요

온갖 긴장 갖은 경직 다 풀어져요

멈추고 또 멈추어 숨 끊어지듯

생각을 쉬어 버리면 내가 보여요

보는 게 또 보는 게 딱 끊어지듯

마음을 내려놓으면 고향 보여요.

반가사유
—나의 업식(業識)

원뿔 모양 불가마의 한중막에서

조주 무자* 화두를 오롯이 든다

흘러내리는 땀방울 이놈이 나냐?

땀방울을 쏟아내는 그놈이 나냐?

---

*조주 무자(趙州無字): 당나라 때 '옛 부처[古佛]'라 불렸던 조주 종심(趙州從諗, 778~897) 선사에게 한 수좌가 물었다. "개에게도 불성(佛性)이 있습니까?" 선사가 대답했다. "있느니라." 수좌가 다시 물었다. "있다면 어째서 가죽부대 속에 들어 있습니까?" 선사가 말했다. "그가 알면서도 짐짓 범했기 때문이니라." 다시 어떤 수좌가 물었다. "개에게도 불성이 있습니까?" 선사가 대답했다. "없느니라." 수좌가 다시 물었다. "일체 중생이 모두 불성이 있다 했거늘, 개는 어째서 없다 하십니까?" 선사가 말하였다. "그에게 업식(業識)이 있기 때문이니라."

이 순간에 살아야
—화두 7

정말이지 세월은 참 부지런하다

쉴 줄도 모르고 달려만 간다

어제는 감쪽같이 어디로 가고

내일은 아직도 오시 않았나 난

오늘의 순간에 머물러 보려

갖은 용을 써보고 또 써보지만

눈 깜짝하고 숨 내쉴 만한 순식간에

순간은 저만치 또 저만치 간다

아아, 어느 순간에 살아야 하리

그냥 다 잊고 이 순간에 살 수밖에.

놀라운 하루
—다큐영화 〈지구〉를 보며

헝가리 도나우 강 진흙 속에서

삼 년을 묵언하던 하루살이들

오늘 아침 유독 하늘이 궁금해

직립으로 날아오른 첫 날갯짓

강 속에서 허물 벗고 성충이 되어

물속을 차고 날아오르는 순간

뛰어오른 물고기에 낚여버리고

날아오는 앵무에게 먹혀버리네

오오, 순간을 전부로 사는 이에겐

한순간이 영원 같은 놀라운 하루.

1994년 10월, 권력과 자본 혹은 친소 관계에 기반해 발표 지면을 나눠먹기 하는 문단의 현실을 반성하고 "한국 문학사적 의미를 지닌 시인 결사체를 만들자"는 뜻으로 상희구, 이나명, 노명순, 윤정구, 한이나, 최영규, 김성오, 고영섭 시인이 모여 '시의 천지' 또는 '시의 지천'을 만들기 위해 〈시천지〉 동인을 결성하다. 동인 이름은 '하늘과 땅이 어우러진 시', '좋은 시가 천지인 세상'을 만들자는 취지에서 '시의 천지', '시의 지천'을 함의하는 '詩天地'로 정하다. 이후 매월 한국 문학사에 큰 발자취를 남긴 시인 오상순, 한용운, 김수영, 정약용, 김소월, 윤동주, 김현승, 조지훈, 신동엽, 박목월, 주요한, 허난설헌(순례순) 등의 시세계 강의 및 시비를 순례하며 동인들의 문학적 우의를 다지다.

1995년 이나명 시인 〈대산창작기금〉 수혜.

1995년 시천지 동인지 제1집 『상처의 곳간: 천지 안에서의 건강을 꿈꾸며』(문학아카데미) 간행. 출판기념 시낭송회(샘터 파랑새 극장) 개최.

1996년 최영규 시인 《조선일보》 신춘문예 시 부문 당선.

1996년 시천지 동인지 제2집 『詩가 있고 시가 없다: 神性을 지닌 시』(문학예술) 간행.

1997년 윤정구 시인 〈대산창작기금〉 수혜.

1997년 시천지 동인지 제3집 『달빛 위 혹은 아래: 온몸으로 부르는 노래』(동학사) 간행.

1998년 노명순 시인 〈문예진흥기금〉 수혜.

1999년 시천지 동인지 제4집 『그림자도 때로는 다리가 되는구나: 善과 惡의 시』(오성문화) 간행.

1999년 진영대 시인 동인으로 참여. 이즈음부터 시의 소리짓과 몸의 몸짓을 아우르는 노명순 시인의 시극 〈시예술〉을 여러 무대에 지속적으로 올리기 시작.

2000년 윤정구 시인 〈문예진흥기금〉 수혜.

2000년 최영규 시인 〈문예진흥기금〉 수혜.

2001년 윤정구 시인 〈수주문학상〉 수상.

2001년 김싱오 시인 〈문예진흥기금 전업작가지원〉 수혜.

2002년 진영대 시인 〈문예진흥기금〉 수혜.

2002년 시천지 동인지 제5집 『시천지·5: 詩라는 것』(다층) 간행. 김영교 시인 동인으로 참여.

2003년 윤정구 시인 〈문학과창작 작품상〉 수상.

2006년 시천지 동인지 제6집 『가슴털이 고운 새』(천년의시작) 간행.

2007년 이나명 시인 〈문학과창작 작품상〉 수상. 서주석 시인 동인으로 참여.

2009년 노명순 시인 〈바움작품상〉 수상.

2010년 최영규 시인 〈한국시문학상〉 수상.

2011년 최영규 시인 〈경기문학상〉 수상.

2011년 노명순 시인 〈한국시문학상〉 수상. 그해 11월 노명순 시인 타계.

2012년 한이나 시인 〈한국시문학상〉, 〈서울문예상〉 대상 수상.

2014년 최영규 시인 〈바움작품상〉 수상.

2014년 시천지 동인지 제7집 『뜸: 밝은 상상력의 발현과 한국 현대시의 여울 맑히기』(애지) 간행.

2015년 오석륜, 박수빈 시인 동인으로 참여.

2015년 한이나 시인 〈내륙문학상〉 수상.

2016년 고영섭 시인 〈현대불교문학상〉, 〈한국시문학상〉, 《시와세계》 평론상 수상.

2016년 서주석 시인 〈한국시문학상〉 수상.

2017년 시천지 동인지 제8집 『점안(點眼)의 시법(詩法)』(시인동네) 간행.

2020년 진영대 시인 문학나눔 우수문학도서 선정.

2020년 이나명 시인 문학나눔 우수문학도서 선정.

2020년 한이나 시인 〈영축문학상〉, 〈대한민국시인상〉 대상 수상.

2021년 진영대 시인 〈삶의문학상〉 수상.

2022년 시천지 동인지 제9집 『달을 먹은 고양이가 담을 넘은 고양이에게』(시인동네) 간행.

〈시천지〉 동인 시집 —그 아홉 번째 여정

달을 먹은 고양이가 담을 넘은 고양이에게

초판 1쇄 인쇄 2022년 3월 24일
초판 1쇄 발행 2022년 3월 31일
지은이 〈시천지〉 동인
펴낸이 김석봉
디자인 헤이존
펴낸곳 문학의전당
출판등록 제448-251002012000043호
주소 충북 단양군 적성면 도곡파랑로 178
전화 043-421-1977
전자우편 sbpoem@naver.com

ISBN 979-11-5896-547-1 03810